L'ENFANT, LA BALEINE ET L'HIVER

Merci à Mia,
Lara et Jane

L'ENFANT, LA BALEINE ET L'HIVER

Texte et illustrations :
Benji Davies

Adaptation française : Mim

milan

Noé vivait au bord de la mer avec son papa et leurs six chats.

L'été dernier, il avait recueilli une petite baleine, échouée
sur la plage après une tempête. Avec son papa, ils avaient finalement
décidé de la remettre à la mer. Parce que la mer, c'était sa vraie maison.

Mais Noé ne pouvait pas oublier son amie…

Certains jours, il avait l'impression d'apercevoir la baleine, au loin.
Et si c'était sa queue qui surgissait des flots ?

Mais c'était toujours autre chose.

L'hiver s'était installé, et, tout autour de l'île,
la mer se chargeait de glace.

Pour la dernière fois de la saison,
le papa de Noé partit pêcher sur son bateau.

Mais à la nuit tombée, il n'était pas rentré.
Noé commença à s'inquiéter.

Noé scruta l'horizon patiemment.
Il attendit encore et encore.

Soudain, il crut voir quelque chose
là-bas, au creux des vagues.

Ça devait être son père. Oui,
c'était forcément son père !

Il s'assura que les six chats étaient bien rentrés avant
de se précipiter sur la plage.

Noé tira sa petite barque jusqu'au rivage,
mais l'eau avait gelé.

« Il faut que je sois prudent », songea-t-il
en s'élançant sur l'épaisse couche de glace.

Plus Noé avançait, plus la neige tombait dru.
Et voilà que tout se ressemblait…

Il était perdu !

Un peu plus loin, Noé aperçut
une forme grise qui dansait
dans la lueur de sa lampe.

C'était le bateau de son père, pris dans la glace.
Noé grimpa à bord.

– Papa ?

Aucune réponse. Le bateau était vide et silencieux.

Noé ne savait pas quoi faire. Il se roula dans une couverture.
Il pensait à l'eau immense et noire sous la glace,
il commençait à avoir peur…

Soudain, dans l'obscurité, quelque chose heurta le bateau.
Boum !

C'était la baleine !
Elle était venue avec toute sa famille pour aider Noé.

Les baleines poussaient de leur museau dans l'air gelé.

Et, au milieu des éclaboussures et des jets de vapeur,
leur chant s'éleva, tandis que la glace craquait et grondait.
C'était comme si elles savaient où il fallait aller…

Brusquement, le bateau buta contre des rochers.
– Papa !

– Noé ! Qu'est-ce que tu fais là ? s'étonna son père.
– Papa ! il fallait que je te retrouve !

Lentement, après l'hiver, le printemps arriva.
Noé et son père parlaient souvent de cette nuit glacée.

La nuit où des pêcheurs avaient secouru
le papa de Noé.
La nuit où la baleine avait sauvé Noé.

Quand il y repensait, Noé souriait…

… car, cette nuit-là, il avait retrouvé son amie.

LA PETITE
BALEINE